사진촬영_ 이강산

김해자

축제

애지시선 016

축제

2007년 11월 15일 초판 1쇄 발행
2017년 3월 30일 초판 5쇄 발행

지은이 김해자
펴낸이 윤영진
기 획 유용주 박수연 한창훈 이정록
편 집 함순례
디자인 함광일 이경훈
홍 보 전희주
펴낸곳 도서출판 애지
등록 제 2005-5호
주소 34623 대전광역시 동구 대전로 867번길 46 4층
전화 042 637 9942
팩스 042 635 9941
전자우편 ejiweb@hanmail.net

ISBN 978-89-92219-10-5 03810

애지시선 016

축제

김해자 시집

□ 시인의 말

지난날 시는 내게 어렵고 황송한 손님이었다.

그래서 그가 오는 찰나에 그의 얼굴과 목소리를 다 받아 적지 못했다.

몇 조각 부서진 거품꽃일 뿐인 족적을 내려놓는 지금에 와서야 내가 알아채지 못하는 사이에도 늘 찾아오고 있었던 손님을 환하게 맞고 있다.

시를 쓴 적이 없다. 이제야 시작이다.

병중에 쓰여진 이 어눌한 시집을 일찍 죽어간 동지들과 노동자 그리고 아픈 사람들에게 바친다.

생전에 큰 은혜 입었던 청화스님 열반송으로 내가 만난 모든 사람들께 고마움을 전하고 싶다

此世他世間 (이 세상 저 세상)

去來不相關 (오고 감을 상관치 않으나)

蒙恩大千界 (은혜 입은 것이 대천계만큼 큰데)

報恩恨細澗 (은혜 갚음은 시내 같음을 한스러워할 뿐이네)

2007년 늦가을 서녘에 서서

김해자

차례

제2부

제3부

제4부

제1부

인연

너덜너덜한 걸레
쓰레기통에 넣으려다 또 망설인다
이번에 버려야지, 이번엔 버려야지, 하다
삶고 말리기를 반복하는 사이
또 한 살을 먹은 이 물건은 1980년 생
연한 황금색과 주황빛이 만나 줄을 이루고
무늬 새기어 제법 그럴싸한 타올로 팔려온 이놈은
의정부에서 조카 둘 안아주고 닦아주며 잘 살다
인천 셋방으로 이사 온 이래
목욕한 딸아이 알몸을 뽀송뽀송 감싸주며
수천 번 젖고 다시 마르면서
서울까지 따라와 두 토막 걸레가 되었던
20년의 생애,
더럽혀진 채로는 버릴 수 없어
거덜난 생 위에 비누칠을 하고 또 삶는다
화염 속에서 어느덧 화엄에 든 물건
쓰다쓰다 놓아버릴 이 몸뚱이

저는 기울어져도

강 속으로 처박힐 듯 비틀린
포플러 나무, 반쯤 드러난 허연 가랑이 사이로
산뽕나무 몇 줄기 푸르다 곧다

애초에 벼랑에 뿌리내리진 않았겠지
댐이 생기면서 강물은 불어 오르고
흙이 무너져 내리며 발 닿을 길 없는 허공 중
허둥대다 바둥거리다 차츰 물가로 기울어졌겠지

알 수 없는 힘에 이끌리어, 산다는 건
때로 목까지 차오르는 물살을 견디는 일
무량한 강물 위로 몸의 반쪽 엎어지며 포개지며
수많은 낮과 밤을 홀로 버티는 일

그러던 어느 날
산뽕나무 씨알 하나 날아왔을 테지
하고많은 땅 다 두고 하필이면 거기에 떨어졌겠지

산다는 건, 알 수 없는
운명에 이끌리어 몸을 내주는 일 저도 모르게
얽혀 한몸이 되기도 하는 일

바람에 헤작이는 푸른 물살 위
굽은 그림자 하나 흔들리고 있다
곧은 살붙이 안은 채 함께 젖어가고 있다

아시아의 국경

땡볕에 눌러쓴 털모자의 땀 냄새가 지나가고
사탕수수 자루 인 여인의 부르튼 맨발이 지나가고 구루마 끌고 가는 부지깽이 같은 종아리가 지나가고
가슴에 면도칼 숨긴 아이들 희번덕거리는 눈초리가 지나가고
원 달러 원 달러 외치는 흙먼지 속 다물지 못하는 입이 지나가고
때 절은 스웨터 속 불룩하게 솟은 노숙의 담요가 지나가고 마약과 매춘 실어 나르는 부황 든 빽이 지나가고
지뢰 속에 다리 묻은 주름진 아코디언 소리가 지나가고
무기 실은 트럭이 지나가고 탱크가 지나가고 전쟁이 지나가고
팔 잘린 부처가 지나가고 목 없는 시바가 지나가고
불타는 한낮 목마른 마호메트가 지나가고

지나가고 지나가고 몽땅 휩쓸고 지나가고
아 어머니, 메콩강이 유유히 흘러가고

국경을 지우며 경계를 허물며 도도히 흘러가고
부겐벨리아꽃 붉게 붉게 피어나고

영아다방 앞에서

퇴근 무렵 다방 입구에 쪼그려 앉아 너를 기다린다
누구는 부평 역에서 도장 파는 걸 보았다 하고
주안에서 찌라시 돌리는 걸 보았다 하고 누구는
국수를 맛깔스럽게 말던 노모와 함께 인절미 파는 걸 보았다 하는데
교통사고로 고장난 기억 이끌고 아는 얼굴마다 찾아다니던 흉터투성이 얼굴,
포장마차 흐릿한 불빛 새로 바로 엊그제인 듯 말갛게 비쳐온다
감방에서 배운 기술 들고 기웃거리던 그 해 겨울,
아무리 두드려도 대답 없는 공장 문
공단 길 끼고 걸으면 치욕처럼 배가 고파왔다던,
네 눈물 새로 흉터는 도드라지고
분칠할 학력도 주변머리도 없던 네게 쏟아지던 겨울비,
딱지 아물지 않은 붉은 상처 게워내며
오늘도 비는 내리고 너는 끝내 오지 않고
석 달째 농성 중인 건너편 산곡동 성당에는

빛바랜 플래카드
만장처럼 휘날리고 있다

놓친 손

그대는 가고 여름은 오고
먼 나라 죄 모르는 아이들은
가마솥 바닥에 붙은 누룽지처럼 불길 속에서 타들어가고
사흘 내내 비는 내리고
평양에도 서울에도 죽어라고 비는 내리고
사방의 길은 다 끊기고

아현동 높다란 석벽 청청한 담쟁이 사이
본대에서 떨어져나간 담쟁이덩굴 몇 마디
벽에 묶인 채 떨고 있다
문득 투드득 실이 끊어지는 소리 내내 한몸
이어주던 혈관 터지는 소리 환청처럼 들리는데
미라가 되어서도 벽 움켜잡은 손이여
너는 칼바람 함께 맞으며 어깨를 겯던
선 끊긴 빨치산이다 그의 얼음 박힌 수족이다
살아남아, 다시 수직의 벽 솟구쳐 오르는
어린 담쟁이 이파리들 간절히 손 뻗어

떨어져 나간 주검 청청히 덮어주는데
지난겨울 수화기를 울려대던 해소기침 소리여
끝내 놓쳐버린 그대 작은 손이여

내 사랑은 오류

밤새 방전된 핸드폰 속에
말이 되지 못한 울음소리 들어 있다
수신지 잘못 찾은 흐느낌 사이 토막난 채 찍힌
사랑한다, 미안하다는 말이 암호 같다
접선을 잘못한, 타전 같다
사랑에로 가는 길
잃어버린 자가 일부러 잘못 누른

아니, 내게 내민 간절한 손인지 모른다
밤새 떨어진 포탄과 화염 속에서 흘린
머나먼 아라비아 남자의 눈물인지도
누군가 잘못 누른 번호는 말하는 것 같다
모든 사랑은 이렇게 어긋난 부호라고
잘못 배달된 메시지는 말하는 것 같다
오류를 저지르지 않는 네 사랑이 오류라고

부레옥잠

떠돌며 사는 것이 그의 운명
뿌리 있어도 뿌리 내리지 못하고
질척한 물의 자리 흘러다녀야 했다

부패가 그의 양식
폐수로 터질 듯한 복수찬 배 부레삼아
앞으로 앞으로 나아갔다

시궁이 그의 거처
더러움 걸러 푸르디 푸른 목숨 피워냈다
연보랏빛 향기 뿜어낸다

詩어머니

보지 않고는 훔칠 수 없는
시어머니 아랫도리를 닦다 눈을 돌렸다
두 번의 수술과 몇 차례 방사선으로
거웃마저 거의 사라져 숨을 곳 없는,
생산도 사랑도 멈춘 채 배설기능만 남은 은밀한
그곳이 발가벗겨져 형광불빛 아래 서러웠다
열다섯에 전쟁을 만나 고아원 전전하다
식모살이 파출부 미싱질에 반찬공장까지
한평생 궂은 자리 끌고 다니던 몸뚱이
끝내 벗어나지 못한 셋방에 뉘였구나

피 한 방울 섞이지 않은 가난한 내게
매번 치뤄야 할 돈뭉치인 당신은
잊을 만하면 새로운 고통 수혈해주는 당신은
통증 저장소, 모르핀과 스테로이드 대신
몽상과 침묵으로 통증을 관리하는 나는
약에 버무려진 똥 앞에서 노란 개연꽃 흐드러진

연못을 떠올리다 황금빛 연못 속으로 빠져 들어가다
아픈 嫐자 앞에서 곰곰 여자를 생각하다
울음밖에는 고통 알릴 길 없는
애기똥풀로 돌아간 당신에게로 엎어지며
다시 사랑할 힘을 얻는다

아무것도 못하는 가난한 시여
시를 낳는 여자여, 어머니여

조는 하느님

순 애기로 돌아가 누워서
애기똥 싸고 소리치는 게 일인
어머니는 하루에도 수천 번 하느님을 부른다
나 하느님 아니라니까, 하면 고래고래 엄마를 찾고
엄마가 아니라 며느리라니까, 하면
금세 또 하느님을 찾으며 빼그시 웃는다
하느님도 자야지 일하제 애기가 자야 하느님도 자고
알았다는 듯 고개 끄덕이다 다시 하느님 하느님

오늘밤도 하느님 졸게 생겼네
애기들이 아파서 애기들이 자꾸 불러대서
편히 눕지도 못하게 생겼네
하늘나라에서 굽어보는 친정 어무이도
하느님 옆에서 꾸벅꾸벅 졸게 생겼네
우리 애기 어째야 쓰까 어째야 쓰까 하믄서

규화목

– 나무가 뿌리 내리면 돌도 흙이 된다네 돌 속에 뿌리 내려
천년같이 살면 우우– 나무도 돌이 된다네

뭉툭한 허연 뿌리 반 허공에 걸쳐놓고
빨판 뻗어 돌탑 움켜잡은 저 나무는 무너지지도 못한다
돌에 뿌리내려 돌처럼 단단해진 당신, 집착이라 했던가
떨치지 못하고 한몸이 되어버린 목석의 동거,
나는 그만 떠나라 했던가, 울면서
주저앉으며 당신은 운명이라 했던가 몸 비틀며
완강한 내 몸 비집고 들어오며 당신은
닳아지고 부서져 언젠가 흙이 될,
억겁의 내일에 목숨 댄 것뿐이라 했던가
돌탑에 내린 저의 운명을 사랑하게 된 순간부터
돌이 제 몸이 되었다 했던가 고집불통 단단한 몸에
여린 뿌리 내리며 미래에 세 들어 사는 동안
천 번의 봄이 오고 천 번의 봄이 가고
푸른 잎 돋우고 꽃 피웠다 했던가
그리 살아 괜찮다 했던가

불을 피우다

무쇠솥 달구는 장작불도
구겨진 종이 한 장부터 시작한다는 걸
눈보라 치는 아궁이 앞에서 배운다 소리 없이
오래 타는 참나무도 저 혼자는 불붙지 못하나니
잘 마른 잎과 잔가지들이 몸을 태우고야
장기전에 들어갈 수 있나니 숱한
불쏘시개들의 분신을 보며 다시 배운다
아무리 한 구덩이에 들어가 얽혀도
다리 펼 자리는 있어야 한다는 걸
얹고 걸치되 위아래 옆으로 뻗어나갈 틈이 없고서는
서로가 서로를 불러들이지 못하나니
어떤 놈은 조용히 어떤 놈은 시끌벅적하게
모두 저 생긴대로 어우러져 불꽃 찬란히 타오르나니
부지깽이 휘저어 함부로 쑤석거리지 말 일이다
허나 잊지 말 일이다 뜨거운 금빛 혀와 풀어헤친
머리카락 사이 푸르게 빛나던 불의 눈물방울을
이미 사위어간 불쏘시개들의 소신공양을

목각 기러기

한밤중 눈을 뜨면
언젠가부터 날 노려보는 놈이 있다
단 한번의 눈맞춤에 영원을 저당 잡힌 기러기 한 쌍
지전보다 빨리 구겨지고 동전보다 먼저 쉿냄새 풍기는
일상의 머리말에 반복도 회귀도 용납치 않겠다는 듯
찰나에 멈춰 버린 너는 날더러 어쩌라고 노려보느냐
구겨져 가는 건 나만도 당신만도 아니라는 듯
썩어가는 건 향기라든가 떨림이라든가
한겨울 튀어나오는 나뭇가지 여린 눈 같은 희망만도 아니라는 듯
한 발짝도 떼지 않는 너 옆에서 나는…….
문 닫고 나면 그만인 방 안에서 열고 있을까
산 넘어갔다는 사랑을 물 건너갔다는 혁명을
아무 것도 아니었어, 속삭이는
돌아앉으면 그만인 컴컴한 방 속에서
그래도 숨죽여 죽이고 있느냐 순간들의 죽음을
영원들의 무덤을 죽여 다시, 살리고 있는 것일까

몸꽃

그 여자 몸은 도화지
철도 없이 이 꽃 저 꽃 피고 진다네
그 여자 허벅지는 너럭바위
밤새 울긋불긋 암각화가 새겨진다네
구렁이 똬리 튼 듯 등나무 덩굴 감고 올라간 듯
눈가에는 눈꽃 등에는 등꽃 터진 뱃가죽엔 배꽃
그 여자 남자는 화가
살빛 화폭에 푸른 색채 그려 넣는다네
그 여자 남자는 조각가
꿈틀대는 돌 위에 보랏빛 문양 때려 넣는다네
열 손가락은 끌이 되고 주먹은 망치가 되고
허리띠는 조각품을 묶는 끈이 되었다네
새벽녘 밤샘 작업을 마친 남자는
완성된 작품 안고 뒹굴었다네
용서해 줘 죽도록 사랑해,
부풀어 오르는 그림 위에 눈물의 유약 발라주며
밤새 돋아난 몸꽃 어루만졌다네

이 순간

포연이 자욱한 팔루자 거리에서 아이들이 뛰어놀고
느릿느릿한 걸음으로 모여든 노인들이 땡볕에 나앉아 예배하듯 차를 마시고
'총알은 언젠가 바닥나겠지만 차 마시는 건 영원하지요'

지붕이 날아간 집 벽에 기대 아직 덜 자란 아이들이 카펫을 짜고
떨어져나간 벽 옆 열사의 나무들이 열심히 잎을 열었다 닫았다 하며 과실을 키워내고
'전쟁은 언젠가 끝나겠지만 우리의 노동은 영원하지요'

후줄그레한 차림의 청년이 콧노래 부르며 늙은 부모의 침대를 사고
깊고 기인 입맞춤 잠시라도 떨어질 수 없는 농익은 연인들이 결혼식을 올리고
'전쟁은 지나가지만 살아있는 한 우리 사랑은 끝나지 않지요'

중환자실

(엄마 무서워 하늘에서 불이 내려와) 얘들아 우리 달리기 시합할까 장갑차보다 빨리 달리면 달콤한 사탕을 줄게 눈 감고 귀 막고 뛰거라 앞만 보고 달리거라 저건 어른들이 일부러 쓰러지는 놀이를 하는 거란다 엄마 손을 꼭 잡거라 (목이 말라요 목이 말라 죽겠어요) 눈 감고 모래 속으로 들어가려는 아이 손을 잡아 흔들며 사막을 건너간다 아가 눈을 떠라 저 암벽에 핀 사막장미를 보거라 배고파 목이 말라 저 꽃은 더 붉고 아름답게 피어나는 거란다 아름다운 꽃에게로 마음을 주지 않으면 사막에 먹힌단다 아가아가 (시퍼런 달이 삼키려고 해요 엄마 달에게로 내 몸이 빨려 들어가요 엄마… 엄마…) 한 아이 끌어내면 한 아이가 파묻히고 한 아이를 꺼내면 한 아이가 늘어지고

밤새 헛손질한 여인의 손에서
한 웅큼 모래만이 흩어져 내렸을 때
희미하게 새벽 빛 밝아오고
어디선가 물 흐르는 소리

천정엔 주렁주렁 매달린 링거 병들이
아스라이 흔들리고

겨울 편지

양심을 철창에 집어넣는 한 조국이라 부르지 말자
다리도 뻗을 수 없는 0.75평짜리 먹방이 있는 한
따닥따닥 얼어붙은 철판 위 냉동고기가 있는 한
섣불리 화해의 노래 부르지 말자
인간이 인간의 이름으로 저지르는 고문이 있는 한
그를 정당화해주는 법이 있는 한
구둣발로 짓이겨진 내 형제들이 있는 한
반쪽짜리 내 나라를 조국이라 부르지 말자
갉아 먹힌 반쪽 폐로 피를 토하고 한 컵의 밥으로
영양실조가 되어 숨을 거두면서도 무릎 꿇지 않은 것은
폭력에 굴복하면 폭력을 휘두른 자들과 공범이 되기 때문이다
짓밟혀 쓰레기통에 처박힌 영혼을 다시 일으켜 세우기 위해서라도
나는 힘 앞에 고개 숙일 수 없었다 가난한 사람들에게
이 땅이 커다란 감옥인 한 우리는 똑같이 갇혀 있는 것이다

군대에 간 아들이 의문의 죽음이 되어 돌아오고
일년 365일 중 331일 열사의 위령제를 지내야 하는
죽음 천지의 땅에서 누가 사죄해야겠느냐
누가 준법서약서를 써야겠느냐
우리 가슴에 증오의 철창이 가로놓여 있는 한
힘없는 사람이 갇히는 한 나는 기꺼이 갇히겠으니
우리 사이에 영혼의 감옥이 있는 한 춥고 시린
이 땅을 함께 추워라 기꺼이 아파라

聖이계숙

잉그리드 버그만 빰치게 생겼지만
마흔 넘도록 키스 한번 못해 본 여자
남자랑 자보지는 않았지만 무슨 종교의식처럼
체위 물어가며 섹시하게 연애소설도 번역한 여자
몸 튼튼하고 마음 착한 남자 만나 연애하겠다던 여자
남이 자긴지 자기가 남인지 곧잘 헛갈리던 여자
삼투압이 잘되어 남의 일에도 넘어갈 듯 좋아하던 여자
아름다운 거리 한 치가 모자라 눈물깨나 빼던 여자
운동은 잘 못하고 배고픈 운동권들 밥만 해댄 여자
손 많이 가는 반찬도 후배들이 맛있게 먹으면 입이 헤벌어져
서너 시간 다듬어서라도 콩나물 한 양푼 무쳐주던 여자
조선고추장 풀어 애호박국 기막히게 끓이던 여자
정작 자신은 굶은 끼니가 많았던 이미 병 깊었던 여자
원 없이 아프다 간 여자 그래서 눈물도 안 나오는 여자
세상에 단 하나 뿐인 여자, 이 생을 건너
몇 만도의 불 속으로 들어갔다 유리벽 하나 사이 랄라

낮과 밤 사이 이 세계와 저 세계 사이 랄라
다시는 돌아올 수 없는 바르도*로 떠났다
아, 자비로운 이여
아무도 없는 어둠 속에서 저 여자를 지켜주소서
불 속에서도 다른 생에서도 다시는 아프지 않게 하소서
생명 있는 모든 것을 위해 사는 무한 허공의
빛으로 환생하게 하소서

* 티벳에서는 사람이 죽은 다음에 다시 환생하기까지 머무는 사후의 49일간의 중간상태를 '바르도' 라 부른다. 『티벳 사자의 서』에 의하면 바르도에서 사자는 존재의 근원을 체험하고 스스로 자신의 존재를 선택한다고 한다.

살

어무이,
오늘은 혼자 사는 친구 어무이께 살을 보냈십니더
세상에 등 떠밀린 후배가 우렁이와 함께 고이 키워낸
하얀 살 보내고 나니 하얗게 하얗게 눈이 내립니더
청춘의 반나마 쫓기고 갇혀 지낸 불효막심한 친구
어무이께 살을 보내는 것은 내 저지른 죄 한 톨이나마 덜기 위함입니더
아가 아가, 뭐시 묵고잡냐?
핏덩이 손녀딸 우유 먹이고 재우며 끼니 때마다
김 모락모락나는 살밥 고봉으로 퍼담으시던 어무이,
의료보험증도 통장도 없는 막내딸 산바라지 하다
살 한 가마 연탄 삼백 장 탑처럼 쌓아두고 울며 가시던 당신이 생각나서입니더
살로 태어나 살 먹고 살 부벼 살 낳으신 어무이,
당신이 빚어놓은 이 살로 이 삶 다하도록 살다
살 다 벗어던져 아픔 없는 세상에서 만냅시더 고마

제2부

어떤 시인

그가 시를 만나지 않았더라면
이 한새벽에 전홧줄 붙잡고 울지는 않았을 것을
사랑하지만 않았더라도 사랑하고도
업으로 삼지만 않았더라면 사랑하고
사랑했어도 살 부비고 살지도 못하는 여자
눈물로 부르지는 않았을 것을
꽃그늘 아래 노래 흥얼거리다 세상 모르고,
이미 지워져버린 아이와 포개져
곱게 자고 있을지도 모를 일
가난 때문에 사랑하는 여자 속절없이 저당 잡힌 그는
할 줄 아는 게 시밖에 없어 시를 쓴다네
쓸수록 가난해지는 게 시라서
시의 집에서 시를 먹고 시를 마시고
울다 더 이상 토해낼 게 없어
시를 토했다네

벼랑 위의 사랑

― 클림트의 그림 '키스'를 보다

꽃밭이다 찬란한 햇살과 따스한
바람이 빚어낸 바닥에서 꽃이 된 남자의
황금빛 가슴 속에 묻혀 시간을 잊은
여자의 몸에서도 황금 잎사귀가 돋고
찰나에도 덩굴은 자라는데
여자 발끝이 벼랑 끝에 걸려 있다 아는지
모르는지 여자의 눈은 감겨 있고
키스는 끝나지 않는다

사랑은 벼랑 위에서만 가능하다는 듯
벼랑은 사랑을 위해 존재한다는 듯
사랑은 필사적이고 벼랑은 완강하다
살아가는 일이 벼랑이라면 모든
사랑은 벼랑 끝에서만 핀다 지금
안전한 자여 안전한 사랑은 완전하지 않다
저 심연을 보아라 아가리를 벌리고 있는
벼랑 끝에서 벼랑을 잊은 채 우리는

이 순간 영원이다 말하는

저 백척간두의,

결핍

살이 그리웠을 뿐이야,
건조하게 읊조리는 살, 앞에서 웃다
하마터면 내 살 떼어주고 싶다, 말할 뻔했다
하여, 혼자 사는 가난한 남자가 휩쓸린 물이
사랑이 아니라 스캔들이었다 외로움이 빠진 곳
꽃의 속살이 아니라 겉잎 스쳐가는 향기였다
하더라도, 그의 간절함이 공명통을 흔들어
며칠 동안 이명에 시달려야 했다

언젠가부터 메일을 열면 지울 편지부터 고른다 읽을 편지보다 삭제할 편지가 더 많다 횡재대출! 신용불량에서 탈출시켜 드립니다 느낌표 두세 번 찍어 궁한 날 유혹한다 내 안에서 무언가 솟아나고 있어요 자칫 잘못 열었다간 지울 수도 닫을 수도 없는 무한복제의 창이여 넘쳐난다 카드 핸드폰도 우편물 책도 시시한 시까지 넘쳐흘러 모자라다 배가 고프다

소중한 것은 다 결핍의 자식
하나뿐이라서 단 한번 뿐이어서
쭈글쭈글 주름잡힌 궁핍이 낳은 절박함이라서
환하게 펼 날 기다리는 움추린 어둠 속 속살이라서
남아도는 가난 먹고 나날이 배불러가는 그는
풍요한 부재 속에 꼬치를 틀고 羽化를 꿈꾸다
어느 날 훌쩍 날아가 버릴지도 모른다

현무도

— 화가 성효숙께

컴컴한 무덤 속에서 천오백 년
숨죽여 서 있었구나 玄武여 그대는
아직도 벽에 붙박혀 검붉게 살아 있었구나
땅을 움켜잡은 거북의 다리 사이
몸뚱이 밀어넣은 사슬 같은 구렁이
솟구치며 휘감아 한몸이 되었으니
그대는 하나인가 둘인가 하나 속의 둘인가
한몸에 두 머리 곧추세우고 서로를 향해
금세라도 잡아먹을 듯 달려드는구나
아니, 절로 가는 마음 내려놓지 못한 듯
벌어져 있는 서로의 입과 입 사이
닿지 못한 한 뼘의 거리는 대체 무엇인가
끝내 풀 수 없는,
아니, 외줄 타고 기어서라도
다가가고 싶은, 닿을 수 없는,
질긴 멍에 황홀히 휘감은 채
그대는 여전히 벽을 오르고

만월과 초생달

토지문화관 뒤란 잘생긴 후박나무에는
나만 아는 동그란 흉터가 있다
일부러 만들어놓은 듯 봉합이 잘 되어
가지가 잘린 게 아니라 만월 속에 가지를 박아놓은 듯한,
가지를 쳐낸 자리, 그 상처에 기울였을
잎과 줄기 뿌리와 온몸의 세포들
오 저들 스스로를 내던지지 않고서야 어찌
상처가 저리 찬란한 무늬가 될 수 있는가

초생달 모양으로 남은
아직 벌건 내 머리의 흉터 주위에는
어린 억새가 돋아났다 엎어지며 뒤집어지며
상처를 덮으려 안간힘을 쓰면서
초생달에게로 기울인 채 솟구치는 하얀 억새밭
메스에 닿지 않고서야
그 비명 속으로 들어가지 않고서야 어찌
하룻밤 사이에 너는 네가 아니게 되었는가

모음

가슴에 쑥뜸을 피우다
나도 몰래 아아아 소리치다
문득 생각하니, 모든 고통은 모음이구나
신음 속엔 가사가 없구나,

그렇다 사랑의 소리도 모음
아니면 침묵이다 진짜 사랑은 모음만으로도
꽉 찬다 그저 바라만 보아도 좋은
소리 없는 웃음도 동그란 모음이고
당신 때문에 흘린 눈물에도 수사는 없었다

쑥뜸을 뜨면서 생각한다
우린 너무 많은 말을 저질렀다는 걸
저마다의 고통과 만나면서 깨닫는다
하나가 되면 단순해진다는 걸
푸른 잎 소리 없이 감싸는 흰 빛처럼
저 찬란한 침묵 속의 하나처럼

연리지 連理枝

開心寺 오르는 길
마음의 허물 뒤집어쓴 채 洗心洞을 막 지나는데
백주대낮에 소나무 두 그루 얽혀 있다
한 놈이 한 놈의 허벅지에 다리를 척 걸친 채
한몸이 되어 있다 가만히 보니 결가부좌 튼
부처 같기도 한데 육감적인 아랫도리 위에서
어쨌거나 잔가지들은 열락의 기지개 맘껏 켜고 있다
오른 가지는 왼편으로 왼 가지는 오른편으로
우향좌, 좌향우, 전 방향으로 팔을 뻗고 있다
허공 가득 시방 그득 푸른 탄성 내지르고 있다
다리가 하나뿐인 나무처럼 모자란 이 몸이
개심을 하는 길은 먼저 몸을 열어야 한다는 것을
내 안에 갇혀 어두운 내가 밝아지는 길은
하나인 내가 다른 하나의 속으로 들어가야 한다는 것을
둘이면서 하나이고 하나이면서 둘인 木佛이
앞서 열어 보이고 있다

황학동 안네

황학동 낡은 삼일아파트 24동 앞
서울다방 입구에서 차를 파는 여자
남편과 아비 없는 모녀 길거리에 버려진
그릇처럼 차대는 시장바닥에서
자나깨나 머리에 딸을 이고 다녔다는 여자
없는 남편 혁띠를 말채처럼 휘둘러 길을 뚫어간 여자
다방 부엌 구석 거울로 가린 쪽방에 어린 딸을 숨기고
아기 예수 꼭 안은 성모마리아 사진을 걸어
다방 안에 작은 성당을 차렸다는 여자
무덤처럼 컴컴한 골방에서 20년
게쉬타포에 쫓기는 안네처럼 살다 늙어간 여자
건물이 헐리고 타워팰리스가 들어선다는데 청계천엔
고기가 노는 맑은 물도 흐른다는데 손님 끊긴 지
오래인 다방 깨진 수족관엔
인조 물풀만 먼지 뒤집어쓰고 있는데
보상금도 없이 길거리에 나앉은 여자
쫓겨나면 구루마 위에 다방 차려도 좋고

공공근로도 괜찮다며 경쾌하게 웃는 여자

몇 잎의 인연

어느 날부터 보이기 시작했다

서너 잎은 굵은 둥치에 숨고 두어 잎은 창틀에 목이 잘린 채 목련 잎은 그렇게 피어나 있었다 세탁기 돌아가는 소리에도 들리는 신음 같은 환청 속에서 귀 막고 송장메뚜기처럼 누워 창밖을 바라보다 우연히 그들과 눈이 맞은 순간 나는 벌떡 일어나 놈들의 정체를 헤아리기 시작했다 내가 모르는 새 옥상까지 치솟은 목련 나무에는 수천 수만의 푸른 애욕들이 하늘을 덮고 있었고 정작 내가 본 몇 잎은 큰 줄기에서 실수처럼, 삐져나온 것이었다

돌아보면 내가 지나친 인연이 몇만 잎은 아닐 것인가 내 마음이 채 더듬지 못한 인연 또한 몇천 잎, 만나고도 만나지 못한 잎은 또 얼마일 것인가 내가 기억하는 순간에도 내가 다 잊어버린 다음에도 솟아오를 푸른 잎새여 그 뒤로 그 잎은 늘 그 자리에 있었다는 듯 내가 보기 전에도 후에도 바람에 뒤집히고 잎을 열었다 닫았다 하며 골똘히 숨을

쉬고 있었다 내 살아온 날이 몇 날처럼 져버리고 저질러진 인연을 견디는 하루가 한 철만큼 길던 어느 날부터였다 우연히 마주친 몇 잎의 인연으로 하여 잊혀진 수천 잎의 인연 다시 더듬게 되었다 그러다 나도 몰래 몸 구부려 들어가던 날이 있었다 단단한 어둠의 피막을 뚫고 솟구치는 푸른 잎새 그 광활한 창공 속으로 날아오르던 순간,

　잎새가 당도하기 전 적멸에 든 하얀 연등이 환하게 지나가고 있었다

구겨진 생을 펴다

저마다 하루치의 수고를 닫아 건
캄캄한 골목길 오늘도 우성세탁소 안은 환하다
열린 문 사이로 스팀다리미 뿌연 열기 줄지어 승천하고
세탁통은 둥글게 둥글게 돌아가는데
몸에 맞지 않는 옷 덮고 미싱은 구석에서 말없이 존다
문득 다림판 앞에 서서 구겨진 허물
정성껏 펴는 아저씨 얼굴이 성자 같다
그의 등 뒤로 활짝 펴진 생들이 천정 가득 하늘거리는데
무거운 짐을 펴는 그의 등은 누가 펴줄까
하늘을 보니 별빛 몇 모여 세탁소 간판을 걸었구나

"수고하고 구겨진 자들아 다 내게로 오라
내가 너희를 활짝 펴 주리라"

불의 알

아궁이 속에서 불을 만나고야
오래 견뎠던 수직의 시간 누인 참나무는
뻣뻣하기만 한 몸피 한 꺼풀씩 벗어 던졌습니다
어느덧 불 속에서 불이 되어가던 참나무 속에서
누런 베옷 입고 불 속으로 드신 어머니를 보았습니다
화사한 꽃불 제대로 피워보지 못한 등걸 같은 어머니는
옹이를 태우고 갈라터진 이승의 시간을 태우다
어느새 품으셨는지 붉고 푸른 배 밑에
황금빛 알들을 낳아두셨습니다
이따금 바람 불면 알불은 깜박깜박 조는 듯
영롱한 속알 빛내며 타닥타닥 속삭였습니다
아가, 화나면 화내라 화가 지고 꽃이 필 때까지
미우면 미워해라 미안해질 때까지 괜찮다 괜찮다
타고남은 불 속에서 사랑이 걸어 나올 때까지
몸도 가고 불도 가고 잿더미만 남을 때까지
빛나던 꽃불 이슥고 부드러운 재가 되고 바람 되어
삼천 대천 넓은 세계로 날아갔습니다

배달호

설거지하다 무심히 그의 집을 본 순간
티브이 속 기자의 두 팔이 30년 보일러공이었다는
그의 집 거실을 뚫고 방으로 꺾인 순간
식탁 놓을 자리도 없다 불평하던
우리 집 거실이 출렁출렁 넓어지던 순간
그가 스러졌다는 공장 콘크리트 바닥과 농성 중인
깃발들을 뚫고 좁아터진 집 어딘가에 숨어 있을
그의 노모 구부러진 생애가 보이는 순간
나는 냉동실에 갇혔던가

시간이 결빙된 곳
뜨겁던 순간에 시계는 멈추고
몇 만 년이나 지났는가 화석처럼 굳은 몸
아직 뜨겁다

보일러통 속에서 한순간 불길이 지펴지는 시간
불꽃 속으로 진눈깨비 한 잎 스러지는 시간

그 시간이면 충분한가 내가 나를 사랑하기에
한 생애가 불길 속에서 타들어간 시간
어머니의 눈에서 눈물 한 방울 떨어지는 시간
그 시간이면 모자라는가 우리가 우리를 사랑하기에

배후조명

노동자대회 전야제
시낭송을 하고 내려오니
기현이가 쪼그리고 앉아 있다
구석진 곳에서 오들오들 떨며 조명 비춰주고 있다
진눈깨비 젖어 달무리 진 얼굴
눈부신 조명 뒤 있는 듯 없는 듯
구공탄 만화 주인공처럼 꺼벙한 눈에
어디 하나 모난 데 없이 예쁜 안기현
키는 멀대같이 커도 장가는 안 가고 (못 가고?)
전국노동자문학연대 대표 몇 년씩 맡고도
시 한 줄 못 쓰고 (안 쓰고?)
조명 받는 무대에는 서 본 적도 없는
그의 뒤에서 전선이 이어져
빛이 비치고 음향이 만들어지고 사람이 모였다
무대여 잊지 마라 저 걸어다니는 책
몸에 새긴 붉은 시편

휘파람새의 노래

새벽 강가에 나갔지요
밤새 들락거리던 소란한 마음 함께 서성이는데
고요한 강숲에서 누군가 신호를 보내왔습니다
호, 호, 호— 호, 호
끝을 살며시 올렸다 경쾌하게 찍어내리는 스타카토
휘파람 새였습니다 잠시 잠잠하더니
더 멋드러지게 노래했습니다
순간 하늘에 펼쳐진 시편 한 조각
— 심중을 노래하라, 아니면 잠잠하라
그레고리안 성가처럼 단순하고 아름다운 곡조에
잠시 소란한 마음이 멈췄습니다
하, 하, 하— 하, 하
— 安心하고 기뻐하라,
나도 몰래 웃음이 터져 나왔습니다
밤새 안고 뒹군 무거운 마음 강물 속으로
툭 떨어지고 나도 세상도 잠잠해졌습니다

김명운

남대문 동대문 시장 짐보따리 메고 들고 다니는 그가
서울 공대씩이나 나와서
에어컨도 없는 두어 평짜리 지하상가에서 오백 원 천 원짜리 악세사리 팔아
세상에서 가장 뼈아픈 단어, 열사라는 이름으로,
자식 앞세운 아픈 어미 아비들 병원으로 한의원으로 업고 뛰는 그가
내민 약값으로 처방받은 살구 씨 복숭아 씨 약재명이 桃仁 杏仁이다
부드럽다 못해 물러터진 살집 속에 이리 단단한 씨앗이 숨어 있었다니,
이 딱딱한 속것이 굳어가는 속을 풀어 준다니,
이 돌덩이 같은 게 仁이라니,
부드러움을 심중에 담기까지 도인과 행인은
어둠 속에서 얼마나 골똘히 제 속을 채워왔을꼬,
생각하다 논어집주를 읽는 밤
책 속에 갇힌 仁也 愛之理가

아픈 세상으로 달려나가는 소리
멀리서 봄이 발발발 새순 밀어내는 소리
어둠 속에서 불불불 생명 튀어나오는 소리
천지에 가득하다

찐따

출근길 계단 건너뛰어 헐떡이며 유리문 열면
창세기부터 그랬다는 듯 고요히 샘플대 앞에 서 있던 사람
그의 손을 거쳐 간 수천 가지 옷을 증명하듯
두꺼운 종이 가다판 줄줄이 걸려있는
벽 마주하고 깊은 생각에 잠겨 있던 사람
풍 맞고 다리를 절어 찐따라 불리던, 뒤틀린 입술일랑
말 대신 웃음으로 쓰기로 작정한 듯 늘 삐그시 웃던 사람
고개 숙이고 디자인에 몰두하는 뒷모습을 볼라치면
성자도 같고 진짜배기 예술가처럼도 보이던 사람
열네 살부터 양장점에서 기술 배워 솜씨는 일류급이지만
계산에는 서툴러 늘 적자에 허덕이던 사람
솜먼지 쿨럭거리고 원단뭉치 벌서고 있던
공장 뒷켠 단칸방에서 살던 사람
몇 달치 월급 못 받고도 끝내 싸울 수 없었던
부끄러움 내내 곱씹게 하던,
십정동 마찌꼬바 박사장

거미 여자

오래 된 브라더 미싱 앞에서 떨어진 헝겊조각들을 깁네
형형색색 밥상보 잇고 발걸레 붙이다 보면
내 몸 어디에선가 구멍이 뚫려 실이 풀려 나오는 것 같네
딸을 잉태했던 뱃구레 어디선가 진액이 흘러나와
내 배꼽 낳은 그물코에 닿기도 하고 깊이를 알 수 없는
미궁 속으로 실타래채 곤두박질치기도 하네
이승에 몸을 부리는 일,
제 꽁무니에서 실을 뽑는 짓인지도 몰라
움추렸다 솟구치며 허공에 한 땀 한 땀 집을 짓는 일인지도
생이 너덜거릴 때면 나는 덜덜거리는 미싱 앞에 앉네
따로 노는 몸과 마음 기우다 보면 삐거덕거리는
내 운명 또한 결국 내 마음이 택한 길이라 자수하게 되지
마음 따라 움직인 길이, 나를 옭아매는 덫이었음을
몸이 지은 집이 어찌할 수 없는 업이 되었음을 자백하게 되지
업을 기워가며 놀게도 되지

암컷

갈라파고스 푸른 바다 넘실대는 섬
암컷 이구아나가 유유히 풀을 뜯는다
수컷 이구아나가 구덩이 파고 가만가만 다가간다
잡은 순간 암컷을 엎어놓고 사랑을 注射하고는
아무 일 없었던 듯 또 다른 암컷을 기다리지만
암컷에게 사랑의 순간은 짧고 고난은 길다

배 가득 알을 담은 암컷이 산을 오른다
언제 폭발할지 알 수 없는 페르난디도 화산
수시로 무너져 내리는 분화구를 향해
한 발만 잘못 내디뎌도 굴러 떨어지는 아스라한 절벽
한 발 한 발 내딛는다 산화한 암컷들 시신을 딛고

드디어 분화구에 도착해 알을 낳는다
눈알 부라리며 목마른 입술 안개로 적시며
알을 낳아도 부화되리라는 확신은 없다
분화구가 터지면 알과 함께 산화할 밖에

부화하는 순간 새끼를 낚아채려는 숨은 적들 속
암컷은 뜨거운 땅에 알을 묻는다
남은 일은 기다리고 또 기다리는 것 뿐

돌아갈 수 있을까 따스한 알 속
헤집고 나온 새끼 이구아나와 함께
한번 올랐던 불의 땅 거슬러 내려가
바다에서 유유히 노닐던 푸른 시절로
아, 사랑 따위 모르던

마흔 즈음,

한몸인 줄 알았더니 한몸이 아니다
머리를 받친 목이 따로 놀고 어디선가 삐그덕
나라고 생각하던 내가, 내가 아니다
딱 맞아떨어지지 않는다 언제인지 모르게
삐긋하기 시작했다 머리가 가슴을 따라주지 못하고
충직하던 손발도 저도 몰래 가슴을 배반한다
한맘인 줄 알았더니 한맘이 아니다
늘 가던 길인데 바로 이 길이라고,
이 길 밖에 없다고, 나에게조차 주장하지 못한다
확고부동한 깃대보다 흔들리는 깃발이 살갑고
미래조의 웅변보다 어눌한 현재진행형이 나를 흔든다
후배 앞에서는 말수가 줄고 선배 앞에서는
그가 견뎌온 나날만으로도 고개가 숙여진다
실행은 더뎌지고 반성은 늘지만 그리 뼈아프지도 않다
모자란 나를 살 뿐인, 이 어슴푸레한 오후

제3부

사랑초

활짝 연 자줏빛 심장은
당신에게 날아가는 화살이다 아니
당신이 꽂히길 기다리는 과녁이다
따스한 빛살이여, 당신에게 닿을 수 있다면
온몸 굽혀서라도 간다
마알갛게 속 내비치는 연자줏빛 혈관 내뻗다
지지대 휘감고 돌아 비틀린 허리
가늘고 긴 용맹정진이여,

당신에게 가는 길은
날마다 용솟음치고 밤마다 숨죽이는 일
당신을 사랑하는 길은
밤마다 희망을 접고 날마다 다시 손 뻗치는 일
당신과 하나 되는 길,
나를 떼어내는 일이라는 듯
어젯밤 뚝 떨군 검붉은 살점 위로
오늘은 여린 잎살 하나 솟아오르고

승천

한 집 건너 지하공장
미싱 소리 드르륵대던 곳
사철 시꺼먼 하늘만 내려앉던 청천동
십자약국 골목 파란 대문
빨간 닭장집 안 녹색 부엌문
방문 벽에 걸린 푸른 작업복
왼편에 하얀 명찰 생산2과 김정례
앉은뱅이 책상 앞에 「해고무효소송 승소판결문」
옆에 방송통신고등학교 교재, 안에 쓰다만 편지
"공부 열심히 해. 돈 걱정 말고 누나만 믿어라"
방문턱에 걸린 두 발
부엌 바닥에 늘어뜨린 긴 머리칼
아궁이에 타다 만 연탄
잠긴 문 바라보다 멈춘
반쯤 열린 눈
밖에 하얀 눈

스스로 그러하게

밤새 비 내린 아침
옥수수 거친 밑둥마다
애기 손톱만 한 싹이 돋아났다
지가 잡초인 줄도 모르고, 금세 뽑혀질 지도 모르고
어쩌자고 막무가내로 얼굴 내밀었나
밤새 잠도 안 자고 안간힘을 썼겠지
푸른 심줄 투성이, 저 징그러운 것들,
생각하니 눈물 난다

누구 하나 건드리지 않고 무엇 하나 요구하지 않고
스스로 그러하게 솟아오른 저 순한 새순 앞에
우리네 시끌벅적한 생애는 얼마나 엄살투성인가
내가 사람으로 불리기 전에도 잠시 왔다 가는
이승의 시간 이후에도 그저 그러하게
솟았다 스러져 갈 뿐인 네 앞에
너의 부지런한 침묵 앞에
이 순간 무릎 꿇어도 되겠는가

거룩한 복도

민주노총 조직부장 최명아가 쓰러졌을 때
과로로 인한 뇌출혈로 뇌사에 빠진 한 달 동안
퉁퉁 부은 작업복들이 중환자실 복도를 가득 메웠다
울산 부산에서 마창에서 광주 목포 제주 거제도에서
밤새 올라온 구겨진 작업복들이 인력시장 장작불들이
종종거리며 달려가던 맞교대 작업화들이
공단 담장 너머 쿨룩거리는 고단한 기계소리들이
수백 수천 거룩한 작업복 해진 깃 스쳐가는
바람의 갈피마다 눈물이 배어 있었다

마흔 아홉 날 바람이 불었다 생전 씩씩하고 쾌활했던 여인이여 뜨거운 숨과 피 눈물 들고나던 아홉 구멍조차 이제 찾을 길 없는데 바람 속 묻어나는 네 냄새를 좇아 하늘에 닿은 붉은 꽃나무 돌아 사라진 너를 좇아 빛 속으로 나는 곤두박질쳤구나 갈라진 천길 벼랑 사이 너는 떨어져가고 아니 나였던가, 아래로 아래로 춤추듯 보드라운 진흙 속으로 빨려 들어갈 때, 산산이 흩어진 혼백 속에서 너의 흩어진 조각들을 찾아내었더라 살꽃을 문질렀더니 살이 붙고 뼈꽃을 문질렀더니 뼈가 살아나고 피꽃을 문질렀더니 피가 더워지이다 네 입술에 대고 바람꽃을 불어넣으니 숨이 트여지이다 너는 막 태어난 아가처럼 눈을 뜨고 내가 보니 좋았더니라

명옥헌에서 김주리*를 보다

붉디붉은 배롱꽃 하롱하롱 떨어지네
후드득 비에 젖어 연못에 투신하네
겨울 가기 무섭게 성마른 봄꽃
한꺼번에 뻗쳐오를 때 암수술 꽉 채워
파랗게 굴리며 소리도 없더니
꽃이란 꽃 한꺼번에 타올라
후두둑 지고 없는 한여름
톡, 톡, 꽃잎 터트리더니
서둘러 떨어져갔네 구호 한 마디 없이
한 잎뿐인 생의 주사위
연못에 던져졌네
떨어져 더 붉었네

* 이화여대를 나온 김주리는 인천 송림동에서 이현관 강창선 이상현 진석민 등과 노동자잡지 《변혁시대》《노동자와 정치》등을 만들었다. 이때 같은 공간을 쓰던 〈해고자를 위한 미싱방〉에서 이미혜 김해자 최명아 부윤숙 등으로부터 미싱

을 배우고 미모사(미모가 뛰어난 미싱사가 모였다는 뜻)를 운영하다, 인천 지하 봉제공장에서 가스폭발로 화상을 입고 중중환자실에 있다 한달 후 배롱꽃 막 피어나던 한여름에 숨을 거두었으니 31살이었다.

씨방

흰 빛 환한 물 속
어머니의 알몸은 주름진 씨방 같았다
나는 그의 활처럼 휘인 등 어두운 사타구니
구석구석 살뜰히 매만지며 고이 닦고 닦았다
그의 몸은 점점 부풀어 오르더니
하양나비가 되어 내 속으로 날아들었다
깨어보니 영정에 갇힌 어머니
꿈속마냥 웃으시는데 돌아갈 수 없는
시간의 강가에서 나는 아이처럼 울었다
이 살점 잉태한 따스한 씨방이여
한때는 푸른 즙 밀어 올려
붉은 꽃잎 피워주시던 육체의 방이여
사라져 다시 내 안에 드셨구나
이승의 꽃잎 다 질 때까지
사그라들지 않을 내 영혼의 씨방이여

삼매

며칠째 폭우 쏟아지다
모처럼 개인 아침 이불을 널었더니
잠자리 한 쌍이 저희들 잠자리인 줄 알고
붙은 채 날아와 삼매에 빠졌고나
수컷은 암컷의 머리 움켜잡고
암컷은 수컷에 몸을 맡겨 두 몸이 한몸인 양
아랫배가 부풀었다 내려갔다 지치지도 않고,
무던히도 반복하는고나 무한히도 운동하는고나
콧김 닿을 만큼 다가가도 잠자리는 잠잠,
제 일에만 정진하고 있고나 몸이 달떠
밖으로 나가니 하늘 가득 잠자리 떼
햇살이 펴놓은 황금빛 이부자리 아래
붙어 다니는 너희들도 홀로 서 있는 나도
삼매의 자식이었고나 우리 모두
처음엔 온몸 구부려 한몸 된
사랑의 알이었고나

김선일

외치다 외치다 지친 내 목에서 소리가 그치고 더 이상 감당할 수 없는 고통 끝 어둔 터널 속에서 서른 몇 해 내 안에서 쉬던 가는 숨이 서서히 내 몸을 빠져나갈 때 나는 보았다 우리 모두의 죄로 얼룩진 얼굴을 나는 더러운 전쟁에 바쳐진 어린 양 누가 내 목숨을 맞바꾸었는가 누가 증오의 잔혹한 제단 위에 나를 올려놓았는가 참혹한 고통으로 나는 아픈 당신이 되었고 죽어서 나는, 내가 되었을지도 모를, 당신이 되었다

아직 덜 자란 아이들이 영양실조로 죽어갈 때 탈수와 영양실조로 누운 아이들이 스무 살까지만 살게 해 달라 기도할 때 어둠 속에서 늙은 아비가 쇳조각이 든 물을 마실 때

죽어서도 나는 목이 마르다 아이를 구하러 옥상에 올라간 아비가 아이와 함께 거꾸러질 때 간절히 기도하던 고사리손이 사원과 함께 무너질 때 나는 또다시 돌 속에 묻힌다 열우라늄탄에 날아간 아들의 살점을 부여안은 어머니가 통곡할 때 뜨거운 시멘트 바닥에 널부러진 아이의 걸레

쪽 같은 사지 앞에서 나는 죽어서도 다시 찢긴다 목 잘린

다 나의 나여, 나의 모두인 나여, 나를 더 이상 죽이지 마라

understand

어제와 오늘이 뒤범벅 된 채 이제는
서 있던 두 다리의 기억도 잊은 병든 여자 옆에 앉아서;
TV속 유프라테스 강에 떨어진 핏빛 노을을 보다
간간이 신음 사이 티그리스 강가에서 점토판 두드리는
고대 수메르인들의 평온한 숨소리를 듣다, 앉아서;
마우스 하나로 폭죽놀이 하듯 미사일 날려대는
위대한 아메리카를 구경하다 채널 돌리니
골든팝스 뮤직에서 'I understand' 가 흘러나온다
밑에 서 있어야 이해가 된다고?
(위도 옆도 아닌) under에
(눕다 앉다도 아닌) stand를 붙일 생각을 했을까,
동굴에서 막 빠져나온 호모사피엔스 내 옛 조상들은

나는 결코 이해할 수 없으리
옆에서 굳어가는, 아파서 차라리 잘라내고 싶은
두 다리의 절망과 불로 지져서라도 다시 걷고 싶은 희망
사이

수천 번 오다니는 그 간극의 고통을
삶이 죽음을 껴안지 못하듯
위에 앉은 자 저가 짓밟고 있는 자의 신음을 듣지 못하듯
내가 밑에 서지 않는 한 내가 아프지 않는 한
어찌 말할 수 있으리 당신을 이해한다고,
한 핏방울이 옆 핏방울에로 저절로
한 눈물이 옆 눈물에게로 저도 모르게 번져가지 않고서
당신들의 슬픔을 이해한다고 어찌 말할 수 있으랴
하여, 어찌 피할 수 있으리 피 흘리는 자가
무슨 수로 피 흐르는 저항을 멈출 수 있으랴

먼 나라

그 나라엔 천둥 벼락이 치고 불기둥이 솟구쳤으나
가을 내내 나는 무사 안녕했다 그 뜨거운 나라에
눈도 없이 겨울이 오고 크리스마스가 와도
그리스도를 빼닮은 아라비아 남자들은 피를 흘리고
그자가 천국에 들어갈 1순위로 정해준 아이들 또한
천국에 가기 위해 아주 일찌감치 죽어주었고,
배고파 울다 아멘도 없이 쓰러져 갔으나
안녕하다 못해 해피한 망년으로 정신없는 와중에도
나는 지속적이고도 우호적으로 거기에서 눈길을 떼지는 않았다
선혈이 낭자한 조폭 영화를 보며
아름다울 미와 나라 국에 대해 제3자의 본분 내에서
진지하게 고찰하며 힘없는 나라의 죄와
힘 있는 나라의 정의에 대해 명상했다
만취해 폭약 안고 철조망 넘어 들어가 불 싸지르는
꿈도 꾸며 어느 것 하나 실행하지 않은 채
양심을 지키는 법을 배웠으며

평화 없는 세상에 대해 새삼 깊이 애도하기도 했다
여느 해처럼 아직 오지 않는 하지만 반드시 오고 만다는
그 먼 사랑의 나라를 다시 꿈꾸기 위해
딱 제3자만큼 뒤척이며 내내 침묵의 이불을 덮고
겨울잠을 잤다

공단 길

눈 내리는 저녁
공단 길에서 마주친 어린 여공들
웃음소리가 오래도록 허공을 맴돌다 흩어진다
경쾌한 웃음들이 찍고 간 발자국 위로
눈은 내려 덮이는데 전생인 듯 희뿌연 길 위로
어느새 어린 내가 함께 걷고 있다

전봇대마다 취업공고판마다 기웃거리던 길
한 줄에 꿰인 호박꼬지처럼 줄줄이 앉아 작업하던 곳
손에 손으로 에이스와 새우깡 따뜻하게 건네지던 곳
점심시간 담벼락 아래로 종이에 싼 동전을 내려주면
꽈배기과자와 노릿노릿한 찹쌀도너츠가 올라오던 곳
야근시간 졸린 잠 쫓으려 커피믹스 가루째 털어넣던 곳
유인물 들고 자취방마다 문 두드리던 새벽길
머리에 고드름 매달린 채 함께 뛰던 길
머리채 잡혀 끌려가던 길 얻어터지다 피 흘리다
김포 쓰레기 매립장으로 실려가던 길

바람 들이치는 자취방 창문에 고이고이 스치로폼 대고
헐거운 부엌문에 이중자물쇠통 달아주던
내 어린 첫사랑 끝내 울며 떠나간 길

깍두기론

고무줄이나 공기놀이를 너무 못하거나 잘해
승패에 영향을 줄 개연성이 높을 때
이편도 저편도 아니면서 동시에 양편이기도 한 자를
깍두기라 하는데 속칭 왔다리갔다리라고도 하는데,
지는 편에게 욕을 먹고 이긴 편에도 칭찬 받지 못하지만
함께 땀 흘리되, 거리를 유지하는 자가 필요한 법
내 편이라 쳐줘도 의기양양하지 못하지만
내 편이 아니라 내처도 의기소침하지 않으니
변명도 무용담도 잊을 만큼 그저 고단하게 뛸 뿐
하지만 어중간한 깍두기는 내출혈을 견디기 십상이니
달통하지 못하거든 확연히 모자라야 하며
천진무구하지 못하거든 진짜 싸움꾼이되
사실은 다 내편인 상대의 뒷통수 치는 짓 따위는 물론
다 내 편이 아닌 내편의 술수를 묵과해서도 안 되지만
무엇보다 중요한 룰은 내 편의 적을 지나치거나
적 속의 친구를 놓치지 말 일이다 너와 나의
과녁을 넘어 허공을 날아가는 화살일 것

책 읽는 소리

금이 간 에다가와 우리학교
교실에서 아이들이 책을 읽는다
조 · 선 · 나 · 라 · 우 · 리 · 학 · 교
우리의 조국은 맑은 아침의 나라입니다
힘차게 책을 읽는 입술에 자랑스러움이 가득하다
마당에 금줄이 쳐있거나 말거나 아이들이 책을 읽는다
우리 대신 쫓겨나고 매 맞아 아플 때
눈물 한 방울 부쳐주지 못한,
조국을 힘차게 읽는다
지상에 없는 나라,
조선을 힘차게 외친다
아 · 야 · 어 · 여 · 오 · 요 · 우 · 유
젖 한 모금 흘려주지 못한 어머니 글자를 부른다
기역 · 니은 · 디귿 · 리을 · 미음 · 비읍
죽 한 사발 넘겨주지 못한 아들 글자를 부른다

내 고향은 우토로 51번지

내 이름은 문광자, 나이는 여든 여섯, 주소는 교토 우지시 우토로 51번지랍니다 새색시적 징용 피해 남편 따라 잠깐 들어왔는데 저승꽃 만발토록 예서 살 줄이야

나는 식민지 조선의 가난한 딸, 해 뜨기 전 남편은 비행장에 나가 별 뜨면 세홉들이 잡곡자루 들고 들어왔지요 잡곡에 깻묵 넣어 주먹밥 버무려 먹고 자갈투성이 황무지에 보금자리를 꾸몄다오 기둥 세워 벽을 만들고 삼나무 껍질로 지붕을 이고, 천정 없는 하늘에 뜬 별은 우리의 이불 축축한 쑥덤불에 깐 짚은 요였다오 바람 불면 바람 맞고 비가 오면 비 맞고 젖어 우는 아이 안고 이리 저리 옮겨 뉘이며 고국 돌아갈 날만 기다렸다오

전쟁이 끝나고도 우리는 갈 곳 없는 난민, 수도도 도로도 연금 복지도 우리완 상관없는 일 뻘건 녹에 기름 둥둥 뜬 우물물 마시고 하수도 없는 진흙구렁에 풍덩풍덩 빠지며 살아온 지 또 오십 년 나는 조선인인가 일본인인가

갈 데도 오라는 데도 없는 내 고향은 우토로 51번지, 함바집 얇은 판자 사이로 전등 나눠 비추고 병나면 죽 쑤어 찾아오고 힘들면 술이라도 마시러 와요, 취한 목으로 아리랑 노래 삼키던 곳 내 육십 년 눈물과 웃음 녹처럼 배어 있는 양철지붕 밑 바로, 이곳에 내 몸 편히 뉘게 해다오

2004년 봄, 광화문

유모차도 휠체어도 왔다 퀵서비스도 느릿느릿 중절모도 왔다 실업자도 잠시 실업을 잊고 왔다 누군가는 오늘도 굳게 닫힌 일터를 두드리다 왔고 하루 종일 서류더미에 묻혀 있다 왔다 누구도 누구를 위해서 오지 않았다 당도 대통령도 우리의 절대희망이 아니다 우리도 원한다 대통령이 없는 세상을 아니다 우리가 정말 원하는 것은 대통령도 정당도 모른 채 즐겁게 밥 먹고 평화롭게 일하고 사랑하며 살아도 되는 세상이다 좋은 세상이라면 왜 알아야 하는가 공기처럼 바람처럼 빛처럼 생명을 주는 것들은 소리도 형체도 없지 않은가

하지만 아직은 아니다 있을 건 있어야 하고 없어야 할 것은 없애야 한다 새벽부터 밤까지 본드를 붙이고 밭 갈아도 여전히 먹고살기 벅찬 가난한 백성들이 많은 세상이기에 우리는 이 작은 촛불을 켜든다 힘없는 자에게 힘 있는 자 적이 되는 이 모든 억압을 불 싸지르기 위하여 만인이 만인에게 적이 되고 분노가 되는 세상이 아니라 만인이 만

인에게 친구가 되고 위안이 되는 세상을 위하여 한사람이 촛불 밝혀 한 사람이 더 따뜻해지고

두 사람이 촛불 밝혀 두 사람이 따뜻해지고 천 사람 만 사람의 촛불로 우리 모두가 환해지도록 지금, 우리는 밝힌다 이 작고도 사소한 촛불 하나를

대화

— 인천 시민회관 앞에 걸린 저 영정 속의 얼굴은 나와 밥을 수백 번 먹은 입이다 머리 맞대고 함께 밤 새운 머리칼이다 봄밤의 그윽한 눈동자다 갇힌 네모 안에 생략된 몸이여 발이여 꽉 잡고 잠든 따스한 손이여

찬 우유로 빈 속을 채우고 신문지 위에 쓰러져 잠들며 거리에서 공장에서 나는 몸뚱이 하나로 살았다 허나 내 몸뚱이는 하나뿐이라서 쓰러져 다시 일어나지 못하는 나는 이제 그대들 곁을 떠난다 늘 아픈쪽에로 기울던 몸뚱이는 이제 내 것이 아니라서 눈감아 다시 눈뜨지 못하는 나는 더 이상 아플 몸 없는 곳으로 조금 먼저 갔구나

내 생애 어떤 날은 나도 어쩌지 못하는 막막함으로 잠 못 드는 밤 많았으나 넘어진 바닥 짚고 다시 일어섰다 내 생애 어떤 날은 감당키 어려운 피로에 일어서지 못하는 아침 많았으나 가로막은 벽 붙들고 다시 일어났다 밤새 술 마시고 노래란 노래 다 불러제끼며 웃고 떠들며 싸우고 사랑했다 어떤 강철 같은 강령이나 규약보다 나는 나에 충실하고 싶었다 거창한 희망보다 오늘 하루 사랑으로 넘치고 싶었다

봄볕 따스한 날
목련꽃 사뿐 흔들고 가는 바람에게
지나치듯 내 이름 나직히 불러주시게
귀가길 그대 어깨 위에 사뿐히 앉은 소리없는
달빛 향해 씩 웃어주시게나
하나뿐인 지구별에 우리 외로이 왔다가
나를 만나 그래도 행복했노라 말해주시게나
그대들 만나 행복했던 나는 그 기쁨만을 안고 갔으니
푸른 하늘 아래 우리 함께 했던 따스한 숨결
그 사랑만을 데리고 갔으니

초간편 이사

보증금도 월세도 통장도 여비도 필요없습니다,
망각만 들고 오십시오, 몸만 들어오십시오,
뒷걸음치는 그들에게 21세기 지구별 전광판은
초간편 이사 광고를 턱밑까지 들이밀었다

솥단지도 냉장고도 이불도 필요 없었다
네 식구 날마다 둘러앉아 뜨거운 밥술 뜨던
수저도 그릇도 다 내버려 두고 가면 되었다
그들은 차를 몰아 순식간에 강으로 돌진했다
숨 쉬려 안간힘 쓰는 시간은 몇 초면 족했다
숨 옥죄이던 빚이 환한 물빛이 되기까지
아우성치던 아이들 울음소리 침묵이 되기까지
철거 계고장 차압 딱지가 물거품이 되기까지
몇 분이면 족했다 찰나에 그들은 지구별에서 탈출했다

순간 이동에 실패한 아이 하나
모래톱에 누워 망각의 강물을 내뿜고 있다

잔치를 기다립니다

— 故 조영관 시인께

泰安 '행복한 병원' 암환자실,
환하게 반기던 해풍에 구부러진 곰솔 한 그루
43키로 나간단다, 부푼 배 내밀며 웃던,
노가다 이십 년 행려처럼 떠돌던 바람
가난 배인 골목과 닭장집 공장 굴뚝을 지나
저를 지우고 지나온 길을 지우고 마침내
가보지 못한 먼 시간 속으로 사라진 바람의 육신

시인으로 살고도 시집 한 채 짓지 못한
그대를 위해 밥상 제대로 받아보지 못한
부르튼 발을 위해 잔치를 기다립니다
잔치에 초대받지 않은 자를 위해 벌건 불빛과
사람 내음이라도 그리운 자를 위해 저의 눈물로
흙 이겨 길 뚫고 나가는 지하 굼벵이를 위하여
한번도 차려진 적 없는 우리의 잔치를 위하여
함께 빈 밥그릇 들고 쇠창살 두드리던
공복을 채우던 그 어지러운 시장기를 위해

제4부

바다

넓어서인 줄만 알았습니다
깊어서인 줄만 알았습니다
억겁 시간 늙지 않아 늘 푸른 당신
제 몸 부딪쳐 퍼렇게 멍든 줄이야
제 몸 부서져 하얗게 빛나는 줄이야

밀어내지 마라, 미워하지 마라,
흘러오는 건 모두 받아들이는
당신은 지금 이 순간도 멍듭니다
생채기는 나로부터 생긴다는 듯
상처 없인 늘 푸를 수 없다는 듯

흐르고 흘러 더 낮아질 것 없는
당신은 오늘도 하얗게 피 흘립니다
스스로 나누고 잘게 부수면
아무도 가를 수 없다는 듯
거대한 하나가 된다는 듯

축제

물길 뚫고 전진하는 어린 정어리 떼를 보았는가
고만고만한 것들이 어떻게 말도 없이 서로 알아서
제각각 한 자리를 잡아 어떤 놈은 머리가 되고
어떤 놈은 허리가 되고 꼬리도 되면서 한몸 이루어
물길 헤쳐 나아가는 늠름한 정어리 떼를 보았는가
난바다 물너울 헤치고 인도양 지나 남아프리카까지
가다가 어떤 놈은 가오리 떼 입 속으로 삼켜지고
가다가 어떤 놈은 군함새의 부리에 찢겨지고
가다가 어떤 놈은 거대한 고래 상어의 먹이가 되지만
죽음이 삼키는 마지막 순간까지 빙글빙글 춤추듯
나아가는 수십만 정어리 떼,
끝내는 살아남아 다음 생을 낳고야 마는
푸른 목숨들의 일렁이는 춤사위를 보았는가
수많은 하나가 모여 하나를 이루었다면
하나가 가고 하나가 태어난다면
죽음이란 애당초 없는 것
삶이 저리 찬란한 율동이라면

죽음 또한 축제가 아니겠느냐
영원 또한 저기 있지 않겠는가

곡국을 찾아서

사바에서 병이 깊어 내 어둠을 감싸 안는 습명의 약을 찾아 서해 밖의 곡국을 찾아가는 길이었는데 그곳의 남녀들은 천성적으로 예절이 바르며 경전에 대한 논의를 즐겨하고 꿇어앉기를 좋아한다고 하는데 요절도 장수도 따로 없이 모두 300년을 살며 발끝에 날개가 있어 한번 솟구치면 천리를 간다 하더라

그곳으로 가는 중도에 船國에 들렀는데 그곳의 남녀들은 모두 바다 위에서 살고 어둠 속에서 멀리 들여다보기를 좋아하며 흰 갈귀가 달린 푸른 말 7만 마리를 타고 밤낮 쉬지 않고 달려 하루에 천리를 간다 하는데 가고 가고 또 가도 바퀴자국 없이 길 없는 물굾 헤쳐가니 無路人이라고도 하더라 안색은 은은하니 해가 저의 밝음을 먹구름으로 살짝 가린 듯 겸허한 빛을 내고 천성은 쾌활하고 선하여 가끔 수면 위로 날아 놀러오는 은빛 날치국에서는 善人이라 부르더라

연인과 편지 주고받는 것을 볼작시면 물잔등에 새겨 하루 한자씩 물너울에 실어 보내는데 성질머리 급한 육국인은 심화병에 걸리기도 하고 떠나기도 한다는데 그럴 제면 심해에서 물두레박으로 퍼올린 인내와 망각이란 해주를 마시는데 달 별 허공을 안주삼아 마시다 보면 어느덧 육국에 이른다 하더라 일년에 두세 달쯤 머물다 떠나는 육국에서 시간을 황금으로 바꾸어 주기도 한다는데

가는 길 중도에서 사바도 잊고 곡국도 다 잊었네라 어미품에 안긴 아기처럼 바다의 젖꼭지 빨다 어제도 내일도 다 잊었네라

컨테이너

바닷놀 거센 인도양 한가운데서
실습선 두 번째라는 실항사 김대안이 주문한
무인도를 소리 높여 부르다 나도 몰래 음을 낮추었다
쇠줄에 묶여 삐걱대는 컨테이너 소리가 들려
금속성 울음 속에 담긴 움추린 손들이 생각나서
아들뻘 되는 항기사들 함께 일어나
어깨 겯고 신나게 소리 높이다
가장 좋아하는, 불어라 바람아 드높아라 파도야,
딱 이 대목에서 쉬잇,
허리 낮추고 순간 소리 삼켰더니라
납기일에 쫓겨 새운 불면의 밤들이 떠올라
질주하는 컨베어라인 앞에 서 있는 파스냄새 나는 등짝
들이 떠올라
절벽에서 물밑에서 숨 참고 건져올린 홍합 굴 전복
아픈 물질에 베인 숨소리가 들려오는 것만 같아
속으로 가사 바꾸어 마저 불렀더니라
살살 다가와다오 바람아 우리 컨테이너 다칠라

저 말 못하는 어둑한 속내엔 일당에 쫓겨
쿨럭거리는 생계가 따개비처럼 붙어 있나니
열달만에 그리던 님 만난 듯 파도야 살살 어루만져다오

강물의 끝은 어디인가

꿈결엔가, 반달이 보름달 되었다 다시 허리가 홀쭉해지도록 밤마다 바다를 베고 잠들었네 남지나해 지나고 인도양 건너 홍해 지중해 대서양까지 배는 가고 가고 더 가다 다시 또 갔네 지나온 길과 가야 할 길이 다 바다였네 바라보고 바라보고 또 바라봐도 다시 바라보게 하는 바다, 푸른 신호등뿐인 바다 심심한 바다의 얼굴만 바라보았네 엄마 품에 안긴 아기처럼 놀이에 빠진 아이처럼 다 놓아버렸네 생각도 의지도 여의였네

가다 가녀린 은빛 날개 펼치고 피융피융 나는 날치가 되다, 수천 만 물결로 솟았다 스러지는 파도가 되다, 수억 번 피었다 사라지는 물꽃이 되었네 물별이 되었네 내 살아온 족적 또한 지나고 나면 지워지고 마는 한 조각 거품꽃이었네 부서지는 것들이 그리 찬란하였네

풍랑이 일 때마다 삐걱대는 금속성의 울음소리, 쇳조각도 파이프도 동앗줄도 다 유정하였네 숨 쉬는 생명이었네

물방울 하나 하나 온전하였네 더하지도 모자라지도 않았네 살아온 모든 날들이 기쁨이었네 축복이었네 나도 몰래 부품이 교체되고 있었네 금도 금기도 사라지고 있었네 모난 나는 스러지고 말캉칼캉한 바다의 육질로 재생되고 있었네 꿈결엔 듯 나는 물었네 아아, 강물의 끝은 어디인가,

화엄華嚴

위태로이 솟은 바위
홀로 거친 파도에 휩싸인다
날카로운 바위에 온몸 부딪치며
파도는 거친 물보라를 일으킨다
바위에 부서지는 것은 파도인데
깎이는 것은 바위구나 굳은 나구나

뼈 없는 당신이 나를 빚었다
파도여 거품이여 형체도 없이 온전한
몸이여 지치지 않는 노동이여
내가 아픈 것은 당신 때문이 아니다
당신도 나의 고집 때문에 아프게 밀려갔을 것이다
모난 나여 못난 나여 내가 닳아 흔적 없이
사라질 때까지 아프자 함께 부서지자

경배

가슴에 엔진을 장착한 듯
온몸 휘어 비트는 진동을 받아내 온 심장을 위하여
밤새 혼과 정신이 빠져나간 사이에도
피를 나르고 펌프질 멈추지 않는 심방처럼
밤낮으로 또박또박 달려온 우직한 발걸음을 위하여
영하 40도 태평양 난바다 가랑잎으로 떠서
휠과 키를 잡고 중심 잡느라 감각이 없어진
두 팔과 장딴지를 위하여
코밑까지 닥친 안개와 어둠 속에서
감지 못한 형형한 눈과
곧게 버텨온 아픈 허리를 위하여
변심을 모르는 애인처럼
닦고 기름칠하고 조이고 풀고 당기고 밀며
물굽이 돌아 물마루 넘어 바다를 건너온
거룩한 시간들을 위하여
살기 위해 죽어간 고독한 영혼들을 위하여,

바다가 다 받아주리

전화 핸드폰도 인터넷 메일도 없이 TV 신문도 시간을 다투는 책무도 모임도 회의도 없이 다만 쉬지 않고 움직이는 부지런한 침묵소리뿐, 들리는 건 망망대해 홀로 가는 배의 심장소리와 바람소리뿐

바다는 한몸이었네 핏대 세우는 논쟁도 없이 쉬지 않고 운동만 잘하였네 승리도 패배도 없이 순연히, 한몸이되 저마다 다르게 율동만 잘했네 평화로이 숨 쉬었네 니편 내편도 없이 당파도 파벌도 없이 한없이 천천히 움직이는 평등의 얼굴이었네 깃발 구호도 없이 일제히 일어서고 일제히 순해져 쉬는 단결의 표정이었네 거대한 大同의 얼굴이었네

이 세상 모든 산물 강물이 흘러 여기에 이르러 있었네 금을 지우고 국경을 허물며 하나가 되어 있었네 산에 든 아버지 어머니의 다 녹아버렸을 몸의 진액 한 방울도 여기에 이르렀으리 흘러와 한몸으로 출렁이고 있으리 무량청

정히 녹아 있으리 탄식도 눈물도 바다에 부서지는 은빛 햇살처럼 스러져 갔네 아무것도 사라지지 않았으리 바다가 다 받아주었으리 바다가 다 받아주리

데드 슬로우

큰 배가 항구에 접안하듯
큰 사랑은 죽을 만큼 느리게 온다
나를 이끌어다오 작은 몸이여,
온몸의 힘 다 내려놓고
예인선 따라 가는 거대한 배처럼
큰 사랑은 그리 순하고 조심스럽게 온다
죽음에 가까운 속도로 온다

가도 가도 망망한 바다
풀 어헤드로 달려왔으나
그대에게 닿기는 이리 힘들구나
서두르지 마라
나도 죽을 만치 숨죽이고 그대에게 가고 있다
서러워하지 마라
이번 생엔 그대에게 다는 못 닿을 수도 있다

지중해의 달

오늘밤 당직은 보름달,
밤새 눈감지 않는다
만 개의 밝은 눈이 어둠을 껴안으며 간다
천 개의 따스한 손이 바다를 쓰다듬으며 간다

눈 한번 찡긋할 때마다
달님이 내건 은빛 다리가 내 가슴에 닿는다
이 길 따라 걸어가면 그의 환한 볼을 만질 수 있다

저 둥근 中心에로 들어가
나도 쉬어가야겠다

선장 김종휘

소말리아 해적에 피납된 선원들, 주린 배와 채찍소리 총칼 앞 숨죽인 외마디가 왈칵 쏟아질 것만 같은 은하수 아래, 용감무쌍한 해적이 자주 출몰한다는 말라카 해협을 지나다, 오지 마래이, 마 우리 배 부딪치모 뼈도 못 추린다카이, 총 대신 나불나불 입만 들고 해적 당직을 선 밤, 선수와 선미 사이만 오락가락하다, 물너울도 거품도 없이 맨앞에서 거친 물살 헤치고 가는 船首처럼 움직임 중에 고요한 표정을 엿보았느니, 기관총 들이댄 해적들에게 쇠줄로 묶여 녹아내린 애간장과 피로 갑판 뚝뚝 적시며 끌려 내려간 절대절명과 절대고독의 순간들이 빚은 침묵의 말을 엿들었느니, 목숨 걸고 고해 건너온 이의 나직한 음성을 들었느니, 반야선般若船 위에서 반평생, 묵묵히 제 길을 또박또박 걸어온 온화한 듯 단호한 걸음걸이와 오래도록 어둠 속을 들여다본 자의 서늘하고 환한 눈빛을 마주쳤나니, 수심 깊은 바다가 당신 얼굴에 자비를 새겨주었으리, 가없는 허공이 당신 심중에 무한을 담아주었으리

찰나

새벽녘 누군가 내 속으로
젖어 들어와 고요히 흘렀다
잠시 출렁인다 싶더니 촉촉한 내 몸이
창문을 투과하여 빗속으로 흘러들어갔다
분명히 벽이 가로막았는데
물이 물에게 스며들듯
바람이 바람 속으로 안기듯
한몸이 되어 오다녔다 안과 밖을
비가 된 나와 내가 된 비 사이를
꿈인지 생시인지 묻지 않았다
고요히 출렁이는 그 찰나가 황홀하여,
한참 후 눈을 뜨니 아스라한 빗소리
내 몸은 여전히 고체덩어리였다

바람의 경전

산모퉁이 하나 돌 때마다
앞에서 확 덮치거나 뒤에서 사정없이 밀쳐버리는 것
살랑살랑 어루만지다 온몸 미친 듯 흔들어대다
벼랑 끝으로 단숨에 떨어져 버리는 것
안을 수 없는 것
저 붙잡을 수도 가둘 수도 없는 것
언제 어디서 기다려야 할 지 기약할 수조차 없는 것
집도 절도 없이 애비 에미도 없이 광대무변에서 태어나
죽을 때까지 허공에 삽질을 하는,
영원히 펄럭거릴 것만 같은 무심한 도포자락
영겁을 쓰고도 한 자도 새기지 않은 길고긴 두루마리
몽땅 휩쓸고 지나가고도 흔적 없는
저 헛것, 나는 늘 그의
첫 페이지부터 다시 읽는다

□ 발문

끝나지 않은 노래

유용주(시인)

저기, 허고도 옛날 옛적 하느님 왼손 닮은 어떤 분이 허구헌 날 사내키를 꼬면서 도를 터득해 중생을 제도했다는 말 들은 적 있으신 분들, 또 부처님 반 토막 닮은 어떤 시님은 평생 나뭇짐을 지고 머슴살이 하는 것으로 한 공부, 높은 공부 허셨다는 말 들은 적 있는 분들은 대충 짐작들 하시겠지만, '시월 찬 이슬보다 맑은 눈물' 이라는 긴 이름을 가진 추장님은(그러니까 우리 친한 친구들 사이에는 작가회의 사무처장 김해자 시인을 그렇게 불렀다) 이름에 걸맞게, 저 늦가을 하늘 바라보며 흔들리는 억새 모냥, 낭창낭창한 면도 없지 않지만(속을 들여다보면 철근 뼈가 들어 있기도 하거니와), 붉은 말 위에 화살을 두르고 사슴 가죽 머리띠에 독수리 깃털 하나 꽂으면 영락없이 인디언 부족장 딸이라고 해도 고개 내저을 사람 많지 않겠지만, 일찍이 직관의 달인 김정환 성님이, '표독과 눈물' 이라는 말씀으로 단박에 꿰뚫어 보신 적도 있는 냥반인데, 한 삼십 일 하고도 삼 일이 넘게 새벽까지 찬 소주 떠 놓고 용맹정진을 해도 막상 이 냥반을 언제 만났는지 기억이 흐리마리 허는구나. 이것은 틀림없이 밥보다 더 많이 상시 복용하는 싸구려 술과 빈약한 안주 탓이 틀림없거니와, 이제 소슬한 바람에도 무릎부터 시려와 습기에 약한 몸부터 시작해서, 엉덩이 근육은 내려앉고 머리칼은 삿갓배미에 진눈깨비로 내리다 간밤 추위로 얼어붙은 숫눈처럼 퍼슬러지고, 눈은, 은퇴하기 직전의 늙은 작부집 옌네 앞치마에 애처롭게 매달려 사는 폐병쟁이 기둥서방처럼 흐릿해져, 당최 어제가 와서 오늘로 이어져 내일로 흘러가는 저 뜬구름 하나 바라보지 못하는, 끝내 끊지 못한 골방 속 담배 연기처럼 흐릿하게 뭉크러져 버리고 말았으니, 이제 막배 떠나기 전에 부둣가에 나가 어느 부잣집 이바지 짐이라도 날라다 주고 탁배기 한 잔 얻어먹은 다음, 한없이 출렁이고 뒤척이며 홀로 피 흘려 저물어 가는 저녁놀이라도 실컷 바라보고 앉아 있어야 되겄다. 배 그림자 따라 좁은 주름살이 넓게 넓게 파문 그리며 퍼져 나가는 파도를 따라가면, 하얀 등대가 보이고 등대 너머에는 안개인지 섬인지 구름인지 육지인지도 분간 못 할 둥그런 수평선이 휘어져 있고 수평선과 하늘이 만나는 지점에는 언제나 엷은 먹물이 번져 있어 가뜩이나 마른 눈을 짓뭉개는 속세의 인연들이, 아수라 화탕 지옥의 소란함이 휘이잉 바람을 몰고, 뼛속 깊이 스며드는 것이었다.

그 해 여름은 몹시도 더웠다. 늦봄부터 시작해 하루 걸러 사나흘씩, 비는 내려 오랜 막노동에 시달린 관절염을 적시기 시작했는데, 뜻밖에도 좋은 인연으로 신문 연재 제의가 들어와 덜컥 수락을 하긴 했지만, 가뜩이나 짧은 호흡과 약한 문장으로 밤낮없이 코피 쏟아 심신이 극도로 피폐해졌을 무렵이다. 남들도 다 하는 글 쓰는 업, 춤추는 사람처럼 즐거이, 밤늦게 노니면서도, 둥기둥 덩덩 잘도 찍어내던 걸, 그 무슨 세상이 내게 준 가장 독한 형벌이라고 인상 박박 쓰며 끙끙대기를 수 천 번, 그 동안에 서너 계절이 탄식 간에 흘러갔다. 얼마나 힘들었는지 소설 쓰는 창훈이에게 경배하듯 말했다. 앞으로 나는 스포츠 신문에 에로 소설을 연재하는, 한때 삼류 작가라고 은근히 백안시했던 사람들한테도 결코 험한 말을 하지 않겠다고, 존경하지는 않겠지만 절대 무시하지도 않겠다고 쉼표 꼭꼭 찍어 다짐한 적 있었다. 태풍이 몇 번 지나가고 여름휴가가 막바지에 이를 무렵, 후배 시인에게 연락이 왔다. 만리포에서 전국노동자문학대회를 하는데 참가해 달라는 것이었다. 태어나서 이 날 이때껏, 몸으로 할 수 있는 일과 몸으로 할 수 없는 일까지 두루두루 안해 본 일이 없었지만 항상 겉으로만 돌아다닌 내겐 더할 나위 없는 기회였다. 무엇보다 이 곳은 십 년이 넘게 웃고 울면서 뒹굴었던 내 구역(?) 아니던가. 아무도 그렇게 믿지 않겠지만, 빚을 갚을 절호의 기회였다. 모기가 극성스럽게 달려들던 홍익대 수련원에서 행사는 무사히 끝이 났다. 전국에서 한달음에 달려온 사람들과 쉽게 헤어지기 싫어 송경동 시인에게 은밀히 이별주 제안을 했다. 고생을 한 집행부와 평소 보고 싶었던 정혜주, 윤동수, 이인휘, 정화진, 안재성, 김해자를 비롯해 알짜 멤버(?)들만 조용히 빠져나오라고 귀띔하고 고개 너머 모항 바닷가에서 일행을 기다렸다. 산 날맹이를 깎아 펜션을 만든 지역 공무원 하나를 질끈질끈 씹으며 담배를 두어 대 꺾고 있는데 낡은 봉고차를 선두로 왁자지껄 여러 대의 차들이 방파제를 지나 맨 구석에 자리 잡은 횟집으로 달려오는 것이었다. 아뿔싸! 큰일 났구나! 나는 박복하게 튀어나온 내 아가리를 쥐어뜯고 싶었다. 예상 인원보다 서너 배는 많은 사람이었다. 그 때나 지금이나 해산물은 귀한 손님이 왔을 때, 일 년에 한두 번 먹는 그야말로 귀한 음식이었다. 그러나 되돌리기엔 때가 늦었다. 그래, 제사 덕에 이밥 먹고 원님 덕에 나팔 한번 불어 보자, 곧 폭포처럼 쏟아지는 술자리가 이어졌다. 그 야단법석은 섬 수국이나 해당화나 깎아지른 바람벽이나 뒤늦게 도착한 파도 알갱이가 충분히 알아들었을 것이다. 모두들 자랑스레 받아 놓은 소주병을 마이크 삼아 즉석 노래방이 시작되었는데 장르를 넘나드는 음악과 국적을 알 수 없는 무용 공연에도 유독 한 사람만이 보살처럼 정신 차리고(취했지만 취한 척 하지 않고) 고고하게 앉아 있었으니, 그가, 오늘의 주인공, 김해자 시인이었다. 차례가 되어 노래를 불러야 되는데, 주위에서 모두들, 부용산! 부용산! 합창을 하며 연좌농성에 들어가는 게 아닌가. 두어 번 손사래를 쳤었나, 드디어 단정한 입 매무새에서 한 줄기 바람이, 서서히 빠져나가는 썰물을 따라 서쪽 바닷가를 적시기 시작했는데, 모항도 파도 깊이 스며들기 시작했는데,

1. 부용산 오 리 길에 잔디만 푸르러 푸르러
   솔 밭 사이 사이로 회오리 바람 타고
   간다는 말 한 마디 없이 너는 가고 말았구나
   피어나지 못한 채 붉은 장미는 시들어지고
   부용산 봉우리에 하늘만 푸르러 푸르러
2. 그리움 강이 되어 내 가슴 맴돌아 흐르고
   재를 넘는 석양은 저만치 홀로 섰네
   백합일시 그 향기롭던 너의 꿈은 간 데 없고
   돌아서지 못한 채 나 홀로 예 서 있으니
   부용산 저 멀리엔 하늘만 푸르러 푸르러

(박기동 시 · 안성현 작곡)

그리고, 촛농 흘러내리듯 소리 없이 눈물이 양 볼을 타고 흘러내렸는데, 소설가 정혜주 씨의 핀잔에도 아랑곳하지 않고 우리는 모두 소리 없이 울었다. 저 노래는 1995년 가을이었나, 원주 단구동 박경리 선생님 너른 마당에서 들은 적 있다. 이름하여 대하소설 『토지』 완간 기념 잔치, 그게 무엇이든 그가 지나간 자리에는 뒷손 하나 털 것 없는 창훈이와 나는 일주일 째 한결같이 허드렛일을 할 때였다. 마지막 날, 전국에서 몰려온 구름 같은 사람들과 뒤풀이를 하는데, 우리는 하나 둘 떨어지는 감나무 그늘 아래에서 숨죽이며 들은 적 있다. 지금은 돌아가신 명천 이문구 선생께서 2부 사회를 맡은 정현기 선생의 마이크를 뺏어 '지하 나와라' '지하 나와라' 해서 들은 노래였다. 역시, 그 명성 그대로 김지하 선생의 부용산은 멀리 치악산 골짜기까지 들어찰 정도로 낮고 굵고 그득 찼다. 김지하의 부용산이 동편제의 그것이라면 김해자의 부용산은 굽이지고 휘어지고 에돌아 나가는 남도 땅 강 가장자리 휘들어지게 핀 억새 같았다. 서편제 한 자락이었다.

일찍이, 늦게 눈 떠, 늦게 세상 밖으로 나와, 운 좋게 수많은 가객을 만났으되, 그들은 내 스승들이었으니, 지리산을 품고 산사람들의 영혼을 어루만지는 박두규부터, 세상 서러움을 통째로 안고 사는 박남준, 내포지방 성인 가요를 주름잡고 있는 이정록, 안학수, 통기타 하나 들고 7080 선두 주자라고 자처하는 박철, 영산강이 낳은 탁월한 소리꾼 이수행, '너를 보내는 들판에 마른 바람이 슬프고'를 호곡하는 손세실리아와 이병초, 남자라는 이유 꼭 하나만으로 세상의 짐을 모두 지고 걸어 나온 안상학, 항하사(恒河沙), 나유타(那由他), 무량대수(無量大數)의 술꾼 이경철, 이미 재 너머 골짜기에 묻힌 박영근, 윤중호를 비롯해 이 땅에 태어나 노래 하나로 귀신을 불러 모으고 귀신을 울게 만드는 여러 가인들을 만났으나, 김해자의 '부용산'은 또 다른 맛이었다. 그것은 아이를 먼저 보낸 어미의 속울음과, 동시대의 친구를 불구덩이로 밀어 넣은 쓰라림과, 부모를 고려장 할 수밖에 없었던 딸자식들의 서러움이, 자기 자신과 아무런 연고도 없지만, 더 나은 세상을 위해 현장에서 쓰러져 간 무수한 사람들에 대한 안쓰러움이 속박지로 박혀, 아주 오묘한, 이상한, 화음을 이루었는데, 모르겠다, 그냥 그것을 이슬이라 하자. 봄비, 여름 안개, 가을 쇼쇼리 바람이라고 하자. 눈보라 수수꽃이라 하자. 뜬구름이라 하자. 무엇보다 그가 자라 이 날 이때껏 살아온, 몹시도 여의기 어려운 바다 냄새라고 하자.

그리하여 바다는 안쓰러움의 총본산이다. 저 산등성이 얼음 한 조각에서부터 시작해, 꼿꼿하게 서서 절명하신 주목을 거쳐 내려와, 첩첩 단풍 드는 잎사귀 하나, 잎사귀 하나 끝에 달린 이슬, 이슬방울 먹고 사는 가재 한 마리의 고독, 고동 두어 마리의 외로움, 버들치 서너 마리의 쓸쓸함이 모두 안쓰러움이다. 물봉선이 그렇고 소쩍새가 그렇고 민들레가 그렇고 산비둘기가 그렇고 자운영이 그렇고 강둑에 메어 둔 염소가 그렇고 용소에서 이무기 되기 기다리는 메기가 그렇고 은어가 그렇고 쏘가리가 그렇고 삼단머리 나풀대며 쑥 캐고 보리밭 매고 가을걷이 하고 나뭇짐 여 나르는 우리 누님들이, 일보다는 술주정 하나로 주름 키워 온 남정네를 보듬고 사는 어머니들이 모두 안쓰럽다. 강은 속절없이 넓어져, 사공 부르는 소리가 안쓰럽고, 멀리 시집간 딸들을 그리는 막내 고모가 안쓰럽고, 징용 간 큰 아들을 그리며 한평생 마늘밭 고추밭 매는 외할머니가 안쓰러운 것이다. 미싱사로, 재단사로 창신동 신길동 제기동 용두동을 휘돌아, 인천하고도 변두리 하꼬방으로 흘러갔던 무수한 우리 사촌 동생들이 안쓰러운 것이다. 풀빵 하나로 견뎠던, 라면 하나로 버텼던 국민학교 동창 분임이 옥순이 미자가 안쓰러운 것이다. 빵 공장으로 버스 조수로 가방 공장 시다로 요꼬 공장 책임자로 팔려 갔던 인철이 관옥이 정근이 진수 종완이 갑식이가 안쓰러운 것이다. 현무도 성효숙, 무대 뒤에 떨고 있는 기현이, 聖이계숙, 이현관, 강창선, 이상현, 진석민, 이미혜, 최명아, 김주리, 부윤숙, 배달호, 십정동 마찌꼬바 박사장, 김선일, 시인 조영관, 김명운, "공부 열심히 해. 돈 걱정 말고 누나만 믿어라" 생산2과 김정례(나는 「승천」이라는 시를 읽고 몇 번이나 목이 메어 울컥댔다)가 심장이 타 들어가듯 안쓰러운 것이다. 일찍이 가족들을 부양하기 위해, 외항선을 탄 이모부 외삼촌 고종 사촌들이 안쓰러운 것이다. 오대양 육대주를 누빈 억센 사나이들이 안쓰러운 것이다. 주름살이 안쓰러운 것이다. 갈라 터진 손마디가 안타까운 것이다.

오오, 번뇌의 이슬을 가죽 부대 가득 담고 태어난 업장이여(저 멀리 캐나다 설산에서 모국을 안타깝게 바라보고 계실 박상륭 선생 어법으로). 하고 많은 생명 중에, 오직, 울 수밖에 없는 어머니여, 누이여, 딸이여, 그대는 울음으로밖에 얘기할 수 없느니, 울음 발원지라고나 할까, 울음 호수라고나 할까. 강 같은 울음이라고나 할까, 폭포 같은 울음이라고나 할까. 끝내 울음이 범람하여, 울음의 바다로 익사할 수밖에 없는 운명으로 태어났으니, 내 어찌, 당신, 다 짜고 난, 말라비틀어졌다고 생각했을 때 다시 젖이 돌아, 젖몸살 앓는, 당신, 눈물주머니에 주둥이 들이박아 젖 빨지 않을 수 있겠는가. 그리하여 사내들이여, 수태가 끝난, 폐경기 지난 주모라 하더라도 세상의 주막집에서 서둘러 일어서지는 말지어다. 이 여인네는, 술 고픈 사람에게는 술을, 배고픈 사람에게는 밥을, 혹 가다가 서니 몸이 고픈 사람에겐 간과 쓸개와 내장을 몽땅 떼어 준 사람이기에, 새벽마다 정한수 떠 놓고 별을 향해 기도하던 대모지신이었기에, 빨아 먹고 빨아먹어도 마르지 않는 찬 샘이었기에, 끝나지 않는 암컷의 가장 나아종 밑자리라고 감히 불러도 어색하지 않겠지비? 삼천대천세계의

큰 구멍이라고 이두박근 삼두박근 울끈이 불끈이 휜소리 쳐 대도 비웃지 않겠지맹? 암 그렇고 말고.

해서 맨 처음 바닷가로 함께 나가 보자. 바다는 습기가 다 빠져나가면 드디어 숨이 넘어가는데, 이 한 죽음으로 바다가 끝난다면 우리의 살림살이가 너무 허전하지 않겠나. 그 죽음은, 죽음을 넘어, 거듭 다시 살아나, 소금이나 모래, 사막 같은 것들로 재생하기 마련인데, 김해자의 눈물은 안쓰러움이 소멸한 자리에서 다시 태어난다는 미덕이 있다는 것, 마지막으로, 자신을 버린, 뭇 사내들에 대한 연민도 다 끌어안고 있다는 것, 그렇다면 우리가 밤이 너무 깊어 장 파하고 손님 끊겨 곧 기울어져 문 닫을 것 같은 이 주막에서 한 소절 흥얼대면서 끝을 낼 수밖에, 또 다시 새벽을 기다릴 수밖에, 자기 분노에 자기 자신을 태운 사내들도, 어깨 완강한 근육들도, 저런 오사할 놈, 육시를 허고도 남을 놈, 호랭이가 콱 물어 가도 남을 놈이라고 입에 거품을 물고 욕을 하는 욕쟁이 할머니 집, 이 오랜 단골집 버리지 못하고, 비척거리며 나와, 짧고도 긴 인생, 멀리 오줌발 한번 세우고, 흠칫 소름 한번 떨어 볼 일이다. 봉두난발 마구 흔들며 미나리 꽝에 처박혀, 평생 철야 근무 중인 별빛 달빛 안주 삼아 〈비 내리는 고모령〉, 〈봄날은 간다〉, 〈목포의 눈물〉 같은 노래를, 무슨 금방 목을 따 붉고 뜨건 피, 콸콸 쏟으며 죽어 가는 저육 한 마리가 몸부림치듯

악 쓰고 볼 일이다. 자기 그림자에 놀라 컹컹 짖으며 달아나는 강아지처럼 하늘 보며 꺼이꺼이 짖어 볼 일이다. 불쌍하구나, 너여. 불쌍해서 아름답구나, 나여. 너이면서 나인 우리 그림자여. 쑥 버무려 알통 세운 종아리에 나무 한 짐, 겉보리 서너 말 지고, 이십 리 장날 돈 사와 겨우 갈치 한 토막, 비린 자반고등어 두어 손 밖에 들고 돌아올 수밖에 없으니, 무시 밥에다 식은 고구마 김장김치에 쌈 싸 먹고 긴 겨울 밤 옹송거리며 목 길게 빼어 힘없는 가장(家長) 기다리는 식솔들의 곱은 손을 어찌 다 건사할 것인가. 건사하기는커녕, 길고 긴 봄 여름, 허리 휘어 경작한 안다랭이 논배미 죽도록 훑어 내어 가을걷이했으나, 장리 내어 지난 겨울 목 풀칠한 이자 서너 냥, 갚지 못한 무심한 세월의 연속이니, 저 대책 없는 술주정이, 속수무책인 신세타령이, 이루지 못한 산 사람들의 꿈 세상이, 결국, 가죽 씌워 이 세상에 태어난 짐승들의 울부짖음이었구나. 울부짖음이 노래였구나. 살림이었구나. 시였구나.

이 세상 모오든 노래는 고통 속에서 나온 것이다. 상처를 가진 사람만이 노래를 할 수 있는 것이다. 나는 여기까지 오는 동안 김해자의 시에 대하여 단 한 마디도 하지 않았다(앞서 간신히 몇 마디 하긴 한 것 같은데 영 기억이 나지 않는다. 이것은 필시 오랫동안 앓아 온 주부 우울증과 알코올성 치매 때문이리라). 말하고 싶어도 할 수 없는 자리가 있다는 것을 뒤늦게 깨달았기 때문이다. 더 낮은 자리에서 말 할 수 있는 사람들이 많아 두렵기 때문이다. 다만, 핏물을 먹 갈아 새긴 시는 알아볼 수 있다. 눈물을 먹 갈아 조각한 시는 들을 수 있다. 살점을 저며 쓴 시는 달게 먹을 수 있다. 그러면서도 잘난 체 하지 않은 시, 그러면서도 배운 티 내지 않는 시, 땀 그물로 끌어올린 정직한 시, 너무 많이 아플 때는 소리 내지르는 것도 사치에 불과하다는 것을 아는 시……. 김해자의 시.

온 생애, 눈물을 통째로 매달고 사신 어머니, 어머니는 숨 넘어갈 때에도 끝내 아무 말씀이 없으셨다. 바다가 이 세상 뭇 생명들을 품어 모시고도 아무 말씀이 없는 것처럼.

애 지 시 선